I0075490

DISCUSSION

SUR

LA PRÉTENDUE FACULTÉ

DE

REFUSER LE BUDJET,

POUR FAIRE SUITE A L'ESSAI

SUR LE FAUX LIBÉRALISME,

PAR M. CRESTIN,

ANCIEN SOUS-PRÉFET ET ANCIEN MAGISTRAT.

Prix : 1 fr.

SE VEND

A Besançon, chez J. Petit, Libraire.
A Paris, chez Mongie, Libraire.
A Gray, chez Jaeger, Libraire.

1830.

Besançon, Imprimerie de J. PETIT.

DISCUSSION

SUR

LA PRÉTENDUE FACULTÉ DE REFUSER LE BUDGET,

POUR

FAIRE SUITE A L'ESSAI

SUR LE FAUX LIBÉRALISME.

La question du refus du budget, séditieusement élevée par une faction héritière des sentiments du jacobinisme, et soutenue avec ardeur par le journalisme, n'a pas encore été réduite à ses véritables termes, ni saisie, ni discutée dans son vrai point.

J'entreprends de la présenter telle qu'elle doit l'être, de la préciser et de la résoudre. Heureux si je puis, pour la tranquillité publique et pour le triomphe de la raison et de la justice, répandre sur elle quelques lumières!

Pour y parvenir, il faut l'entourer d'un faisceau de principes incontestables, et resserrer les faits qui y ont donné lieu, ou les prétextes dont la faction s'est servie pour en faire un problème. Les conséquences se dérouleront d'elles-mêmes.

Il faut donc considérer: 1° Que la Charte a changé de caractère par l'acceptation qu'en a faite la Na-

tion. 2° Que de *concession* libre qu'elle étoit, lorsqu'elle sortit de la pensée et de la volonté de son
auguste auteur, elle est devenue *convention* sygnal-
lagmatique entre la Nation et lui, au point qu'aucune des deux parties n'est en droit d'y rien changer sans le consentement de l'autre. 3° Que s'il
est intervenu quelques dérogations, telles que la
septennalité et le double vote, elles ont été con-
senties par la Nation, représentées par les deux
Chambres et par le Roi qui les a proposées. 4° Que
cette convention telle qu'elle est, confère au Roi,
une branche de la puissance législative qui doit être
appelée branche *Monarchique,* parce que le Gouvernement est une monarchie, une seconde branche à la Chambre des Pairs, composée de nobles,
et qui, par cette raison, doit être appelée branche
Aristocratique, et la troisième est la Chambre élective, la branche *Démocratique.* 5° Que c'est là tout
le système représentatif associé à la monarchie
constitutionnelle. 6° Que cette convention monarchique constitutionnelle, improprement appelée
aujourd'hui *Charte* ou *concession,* veut que tout impôt pour être légal, soit *voté* par les deux Chambres *Aristocratique* et *Démocratique,* à commencer
par celle-ci. 7° Qu'elle ne confère à aucune des
deux le droit de refuser, rejeter l'impôt indispensable pour la conservation et le soutien de la Monarchie. 8° Qu'elle est muette sur la question de
savoir si en cas de consentement d'une des deux
Chambres et de dissentement ou refus de l'autre,

le consentement donné par l'une s'accordant avec la proposition du Roi, doit, ou ne doit pas l'emporter. 9° Qu'en ce cas la question doit être décidée par les principes qui régissent l'interprétation des *conventions*, leur silence, leurs ambiguités, leurs obscurités. 10° Que la Nation ayant consenti par ce pacte et réservé au Monarque la liberté exclusive du choix de ses Ministres et la nomination libre à tous les emplois, il ne peut être permis à une fraction du peuple, ou plutôt à une faction d'argumenter du déplaisir que lui cause un choix royal, quel qu'il soit, pour refuser à la couronne l'impôt conservateur de la Monarchie, l'aliment de tous ses ressorts. 11° Que le système contraire et toutes les associations formées pour le soutenir et provoquer le refus de cet impôt, sont un *crime* prévu par l'article 87 et suivants du Code Pénal. 12° Que si quelques membres de la Chambre élective ou quelque noble Pair ont trempé directement ou indirectement dans ces associations, ils se sont rendus suspects pour émettre leurs votes sur ce sujet, et doivent se récuser en s'abstenant de voter. 13° Qu'enfin si la magistrature ou du moins quelques Cours ou Tribunaux ont paru donner dans ce système en considérant ces associations avec indifférence ou comme *inertes*, et en les faisant entrer dans le droit de critique du Ministère, par la liberté ou plutôt la licence de la presse, ces Magistrats ont donné dans l'erreur la plus grave, mais au surplus réparable, et qu'il est à regretter que leurs opinions n'aient pas été déférées à la Cour de Cassation, qui probablement se seroit prononcée d'une toute autre manière.

L'impôt étant le seul moyen de couvrir les charges de l'Etat, et tous les François *devant indistinctement y contribuer dans la proportion de leur fortune,* selon l'article 2 de la Charte, il ne s'agit plus que de savoir si aucun d'eux ou aucune portion d'eux peut se soustraire à cette obligation, ou donner à des représentants le pouvoir de l'éluder sous quelque prétexte que ce soit : sans doute ils en avoient la faculté tant que la Charte a existé comme concession, de même qu'un donataire peut refuser une donation tant qu'il ne l'a pas acceptée.

Mais lorsque cette acceptation est intervenue, lorsque toutes les conditions de la concession ont été librement agréés par le concessionnaire, *peuple* ou *individu,* il est lié et ne peut plus se dégager. Suivant cette maxime applicable en politique, en droit public comme en droit civil : *Quod ab initio est voluntatis ex post facto est necessitatis.*

Or cette acceptation, ce consentement a été solennellement donné par la Nation entière, et jurée par le Roi régnant. Il est répété par chaque individu qui entre dans une fonction publique. Il l'exprime dans son serment ; le Pair, le Député de département aussi-bien que tout autre fonctionnaire de quelque rang qu'il soit, *Je jure fidélité à la Charte,* etc.

Elle n'est donc plus une simple concession. Elle est convertie en contrat synallagmatique, en *convention constitutionnelle*.

Ce pacte fondamental est dès-lors aussi inviolable de la part de la Nation que de la part du Monarque, du chef de l'Etat.

Il lie à l'égard de l'impôt, déclaré *annuel* par l'article 49, les deux Chambres qui sont appelées par l'article 48 à le voter, parce que l'obligation de le payer leur est imposée par l'article 2, à plus forte raison celle de le faire payer à tous.

On objecte que l'art. 47 porte que toutes les propositions d'impôts doivent être admises par la Chambre des Députés, et que ce n'est qu'après cette admission qu'elles peuvent être portées à la Chambre des Pairs.

On sent toute la frivolité de cette objection. Ce raisonnement vient toujours échouer contre la nécessité de l'impôt commandé par l'art. 2 et par la forme et l'immutabilité du Gouvernement monarchique qui n'existeroit pas sans l'impôt. Ce n'est pas un droit de le *refuser* que l'art. 47 donne à la Chambre des Députés, c'est simplement le droit et le *devoir* de le *discuter* dans ses bureaux, de le modifier, de le restreindre au strict nécessaire qu'exigent les charges de l'Etat pour l'année.

Au surplus si la Charte a aujourd'hui le caractère d'un contrat, et d'une convention entre le Roi et la Nation, ses ambiguités et ses contradictions apparentes, s'il en existe, doivent être levées par les règles du droit exprimées au Code civil, sous la rubrique *de l'interprétation des conventions*.

Il n'en est pas une qui ne tue l'induction que l'on prétend tirer de cet article 47. On sait qu'à défaut de règles positives du droit public, celles du droit civil doivent être adoptées. Or voici ces règles.

Article 1156 : « On doit dans les conventions » rechercher quelle a été la commune intention » des parties contractantes, plutôt que de s'arrêter » au sens littéral des termes. »

Or la commune intention du Roi et de la Nation, n'est-elle pas qu'il doit y avoir chaque année un impôt assorti aux besoins prévus, pour soutenir la Monarchie, puisque l'article 2 de la convention le commande expressément. Donc son admission est impérative ; donc il ne peut pas être refusé. Donc son admission n'est pas *facultative*, mais *forcée* et *obligatoire*.

Art. 1157 : « Lorsqu'une clause est susceptible » de deux sens, on doit plutôt l'entendre dans ce- » lui avec lequel elle peut avoir quelque effet, que » dans le sens avec lequel elle n'en pourroit pro- » duire aucun. »

N'est-il pas clair que si l'admission du budget, ou plutôt de l'impôt après son examen et sa dis-cussion, pouvoit n'être pas opérée, le contrat ne pourroit produire aucun effet, parce qu'il n'y auroit plus de Gouvernement, ni Monarchie, ni autre; et au lieu de ne produire aucun effet, il en produiroit un désastreux, contraire à l'intention des parties, qui est le Gouvernement monarchique?

Art. 1158 : « Les termes susceptibles de deux » sens doivent être pris dans le sens qui convient » le plus à la matière du contrat. »

Or ici la matière du contrat est un Gouvernement monarchique, et un impôt de nature à l'activer et à le soutenir. Donc le terme *admises* employé dans l'art. 47 de la Charte ou du contrat, doit s'entendre d'une admission *forcée* et non *volontaire*, et non *facultative*, subordonnée aux préventions de parti, aux *caprices* ambitieux de factions, car l'ambition est toujours le mobile des factions; et ceux qui élèvent la question aujourd'hui, croient ne pouvoir satisfaire la leur que sous un autre Gouvernement, et ne désirent que le retour de l'anarchie, pour pouvoir s'en former un à leur gré, qui puisse combler leurs criminelles espérances. Il faut donc tenir pour constant que le sens de l'article 47 de la *Charte* devenue *contrat*, est qu'après que la Chambre élective aura fait le travail préparatoire, l'examen et la fixation du budget proposé par le Roi, elle sera tenue de le déclarer *admis* pour ensuite être porté à la Chambre des Pairs, qui doit l'admettre à son tour. Le mot *admission* n'est autre chose que sa *clôture*, comme il en est d'un compte : c'est ici une loi *spéciale*

qui n'a de commun avec les autres, que la forme,
mais dont le fonds est d'impérieuse nécessité et,
par conséquent immuable.

Mais, dit-on, la proposition du budget est une
proposition de loi comme une loi ordinaire. Elle
est susceptible d'admission ou de rejet, parce qu'enfin c'est une loi.

Oui, c'est une loi, mais une *loi spéciale*, une
loi forcée, parce qu'elle est commandée par l'art.
2 de la Charte, parce que la Nation s'y est sou-
mise, et l'art. 2, combiné avec l'art. 47, et même
avec l'art. 17, ne signifie autre chose que la proposition royale du budget, doit être en premier
ordre faite à la Chambre des Députés, qu'elle doit
être vérifiée, examinée, modifiée, s'il y a lieu,
par elle, et de suite close ou admise pour être pré-
sentée à la Chambre des Pairs, qui a droit d'en
reconnoître le résultat, le *quantùm*, et de le voter.
C'est donc une charge, un *devoir*, une *obligation*,
que la Charte impose à la Chambre élective, et
non un droit, un pouvoir qu'elle lui confère. Car
s'il en étoit autrement, il faudroit penser que
l'auguste auteur de la Charte, par une méprise
et une contradiction répugnante à ses lumières,
auroit élevé autel contre autel, auroit conféré à
la branche législative démocratique, un pouvoir
populaire prédominant sur celui des deux autres
branches, de nature à paralyser et à détruire le
Gouvernement monarchique qu'il entendoit insti-

tuer ou continuer. Cela n'est ni naturel ni raisonnable à supposer, et la Nation elle-même, en acceptant la Charte, ne l'a pas entendu ainsi. Ce seroit une antinomie inconcevable et que l'on ne peut admettre.

Mais quand cette distraction, cette méprise, cette contradiction existeroient, elles s'évanouiroient à la vue des art. 1158, 1160, 1161, 1163 du Code civil. « Les termes susceptibles de deux sens doi- » vent être pris dans celui qui convient le plus à » la matière du contrat. »

Or la matière du contrat est l'impôt déclaré indispensable par l'art. 2, et son refus dissoudroit le contrat même. Donc le terme *admises*, employé dans l'art. 47 de la Charte, ne peut s'entendre que d'une *admission forcée*.

« On doit suppléer dans le contrat les clauses » qui y sont d'usage, quoiqu'elles n'y soient pas ex- » primées : » Donc on doit suppléer à ce terme *admises* conformément ou selon le vœu de l'art. 2; donc en se conformant à cette règle, l'admission est forcée et non facultative.

« Toutes les clauses des conventions s'interprè- » tent les unes par les autres, en donnant à cha- » cune le sens qui résulte de l'acte entier : » Donc, si le refus du budget étoit licite, l'acte entier ne seroit plus qu'une chimère, un être de raison, parce que sans l'impôt il n'y auroit plus ni Charte, ni contrat constitutionnel, ni Roi, ni Gouvernement.

Il ne resteroit qu'une oligarchie composée de la Chambre élective : une des deux branches de la puissance législative auroit anglouti les deux autres, et l'on sait ce qu'il est avenu à Rome, de l'oligarchie des Décemvirs et de celle des Triumvirs. Le Roi seroit dépouillé de l'exercice du pouvoir souverain, quoiqu'il lui soit délégué et à sa dinastie, jusqu'à entière extinction. Vérité qui paroît blesser la faction jusqu'au cœur, mais cependant de toute évidence. On sait, et c'est un principe incontestable, que le droit civil vient au secours du droit public dans les cas où celui-ci est en défaut.

C'en est assez sur le prétendu droit de refuser le budget. Examinons le prétexte. Le renvoi des Ministres tantôt de quelques-uns seulement, tantôt de tous.

Il est impossible d'imaginer un motif plus absurde, j'ajoute plus hostile contre le trône, et par conséquent plus criminel.

Quoi ! le Roi seroit forcé dans sa liberté constitutionnelle, du choix de ses Ministres, et d'encore en encore dans son droit exclusif de nomination à tous les emplois ! ou s'il veut défendre ce droit en maintenant ses Ministres, on coupera les vivres à la Monarchie, et il faudra qu'il dépose sa couronne ! — Ne semble-t-il pas voir les géants entasser montagnes sur montagnes pour escalader les cieux ?

Non, le roi ne détachera pas ainsi un fleuron de sa couronne ; son cœur sensible saigne de tant d'égarements, mais il est responsable de toutes ses prérogatives à ses successeurs. Elles sont incessibles, inaliénables ; et quand sa bonté naturelle lui arracheroit quelque concession, ses successeurs seroient en droit d'en revendiquer l'objet. Il cherche à éclairer des lumières de la raison un tas d'insensés ; mais s'il ne peut y parvenir, ce sera un malheur, et la Nation aura à l'imputer à ceux qui l'auront provoqué. Il sait que l'on met encore en avant la souveraineté du peuple comme dans ces temps d'odieuse mémoire, comme le faisoient les jacobins (car c'est ici la même tactique), mais que l'on fasse bien attention à la différence des hommes et des circonstances. D'ailleurs, l'expérience malheureuse est une leçon qui n'est perdue pour personne.

Mais quand les Ministres seroient aussi dépourvus de talents qu'ils en sont remplis, seroit-ce une raison pour faire périr la Monarchie par le refus de l'impôt. Quel bien ont-ils pu faire pendant les sept à huit mois écoulés de leur existence ministérielle écoulée ? et quel bien ont-ils négligé ? Leurs départements ne sont-ils pas réduits en dépenses d'après le vœu de la plus stricte économie ? ne présentent-ils pas quatre-vingts millions de moins à payer ? on leur reproche de l'inaction, c'est cependant ce travail utile qui les a tenus renfermés dans le silence de leurs cabinets ; et quel est le Ministère parmi les précédents qui a produit autant de fruits? Quel est celui dont on a recueilli d'aussi grands avantages? Le Roi est donc convaincu, et la saine partie de la Nation l'est de même, que la confiance de sa Majesté est bien placée, et que les Ministres qui en sont investis ne l'ont point trompé et en sont incapables.

Mais on dit encore par l'organe impur du journalisme : « Ils n'ont point la confiance de la Nation. » Ils ne lui offrent aucune garantie ; ils n'ont pas » l'opinion publique. »

Ce sont des mots, de vains sarcasmes : De qui composez-vous donc l'*opinion publique?* des criailleries de parti, des licences excessives de la presse, des calomnies et des jugements insolents et téméraires des journaux ! mais de bonne foi est-ce là l'opinion publique? Suffit-il que les journalistes s'en disent les organes pour y croire? non, l'opinion publique est l'ensemble de celle des honnêtes gens, non passionnés si ce n'est pour la paix, la tranquillité publique, et pour tout ce qui doit conserver la Monarchie, le Monarque et maintenir la fidélité envers le pacte constitutionnel, et le respect pour les prérogatives royales. Or ce sentiment, étant encore profondément gravé dans l'esprit et le cœur de trente deux millions d'ames sur trente trois qui pensent et repoussent votre funeste doctrine, c'est cette partie plus ou moins considérable de la Nation qui forme l'opinion publique. C'est l'opinion des

hommes sages et calmes, qui n'ont d'autre ambition, que le bonheur public et l'intérêt général.

Vous insistez, vous, faux libéralistes, et vous dites :
les choses ne se passent pas ainsi chez les Anglois,
quand un Ministère n'a pas la majorité dans les
Chambres, il se retire, il abdique.

Cessez d'agumenter de la constitution Angloise
pour juger de celle de France ; la différence est
trop sensible, pour que l'on puisse s'y méprendre.
En effet, les Anglois n'ont qu'une constitution de
pièces rapportées. Les usages parlementaires y tien-
nent lieu de lois, et l'on voit que le Parlement
depuis son origine, a saisi tous les moyens et toutes les occasions de s'élever et d'affoiblir les attri-
buts de la royauté, comme font tous les grands
corps politiques, comme auroient fait en France
les Parlements sans la révolution, comme feroit
encore la Magistrature actuelle, si on la laissoit
faire ; en sorte qu'en Angleterre, la grande Charte
n'est qu'une concession ou une déclaration d'in-
demnités à des villes et à des bourgs pourris.

Il n'y reste en fait de libertés publiques, que les
usages parlementaires et la déclaration des Jacobites
de 1688.

En Angleterre le Roi n'a point l'initiative exclusive des lois comme en France. Le lord ou le
membre des communes qui veut proposer un *bill*,
une loi, en est le maître. Si le *bill* passe, la loi est
faite. Le Roi le sanctionne pour la forme comme

un greffier met le sceau d'un Tribunal à un juge-
ment : en un mot le Gouvernement Anglois n'est
qu'une démocratie royalisée par la splendeur d'un
trône et le faste d'une cour et l'éclat d'un diadè-
me, et rien de plus.

En France, au contraire, l'exercice du pouvoir
monarchique et souverain, est concentré tout entier dans la personne du Monarque; il est Roi *de fait*
et *de droit*. Il a exclusivement l'initiative des lois,
la nomination libre, il est le conservateur né de la
monarchie et conséquemment des libertés publiques qu'il n'est permis ni à la Nation de vouloir
étendre, ni au Roi de vouloir restreindre. Ces libertés publiques sont tellement déterminées que toute
extension paroît une folie ou une révolte, et l'admission de l'impôt une obligation sacrée.

Ces principes sont confirmés par un aveu pré-
cieux du *journal Le Temps*, dans son numéro du 18
février, et ce n'est pas un des moins ardents des
journaux de l'opposition. Il avoue positivement
que le Parlement fait toute la force de l'Angleterre;
donc le Roi, à son compte, n'y est pour rien ; mais
en France, il est, sinon toute la force, du moins la
branche principale de la puissance législative. S'il a
ses Ministres, il les choisit seul et librement. Il leur
donne sa confiance ou il la leur retire à volonté; au
lieu qu'en Angleterre, ce n'est pas ainsi; ce n'est
pas le Roi qui en réalité nomme ses ministres,
c'est le Parlement. C'est la Chambre des Lords,

elle lui en désigne un , qui s'associe les autres,
et compose le conseil de qui il lui plaît. Il n'est
donc pas étonnant qu'un tel Ministère ait besoin
d'une majorité dans le Parlement pour se soutenir ;
car la lui refuser, c'est lui dire : *retirez-vous* ; puisque vous ne tenez votre titre que de nous, vous ne
nous convenez plus ; en deux mots c'est le Parlement qui nomme ses Ministres, qui les donne au
Roi et qui les lui retire à volonté.

Cependant nous avons vu quelques fois Lord
Chatam , Pit , Fox, Canning, n'avoir pas la majorité
et rester en place , faire tête à l'orage.

En Angleterre le Roi peut comme en France
dissoudre le Parlement, mais peut-il refuser sa sanction à un bill ? non : et ce qui le prouve, c'est qu'il
y a plusieurs fois sanctionné les bills, rejetant l'émancipation des catholiques d'Irlande, et sanctionné
le bill contraire, adoptant enfin l'émancipation. Donc
la sanction n'est en Angleterre qu'un consentement de luxe politique et purement d'ostentation.

En Angleterre le Roi ne peut sortir du territoire
sans la permission du Parlement. En France il peut
voyager avec toute liberté. En Angleterre le Roi ne
peut y introduire des troupes étrangères. En France
le Roi est libre d'en employer : tels sont les Suisses.

Enfin, sur tous les points , le Monarque Anglois
est sous la tutelle du Parlement. En France la Nation en acceptant la Charte n'a pas mis son Roi sous
la tutelle des deux Chambres.

BIBLIOTHÈQUE NATIONALE
R F

Et c'est ce qui fait mal au cœur aux factieux, aux faux libéralistes.

Concluons de tout cela que le Roi n'a pas besoin d'une majorité dans la Chambre démocratique des Députés pour l'admission de sa proposition du budget; qu'il suffit qu'elle soit examinée, discutée, fixée dans ses bureaux; que le rapport en soit fait, que ces formalliés sont *de devoir* et que le prononcé de l'adoption ou admission n'est que de pure forme pour de là passer à la Chambre des Pairs qui a droit de le voter comme l'autre Chambre.

Mais, dit-on, que doit-il arriver si la Chambre des Députés, refuse de prononcer l'admission ? car enfin le budjet étant une loi, il peut être rejeté comme toute autre proposition de loi, en votant sur l'ensemble.

Je réponds que cette supposition est impossible, parce que l'article 2 de la Charte est trop impératif, et parce que la Chambre élective est trop prudente et trop sage pour en venir à une aussi scandaleuse extrémité. Mais si cela arrivoit, le Roi et la Chambre des Pairs, formant les deux principales branches de la puissance législative, pourroient se passer de la déclaration d'admission de la troisième branche. Le Roi en ce cas n'a pas besoin, comme l'a dit M. Cottu, d'être pouvoir constituant. Réuni à la Chambre des Pairs, il est pouvoir constitué assez fort pour rendre exécutoire le budjet proposé, tel qu'il aura été travaillé par la Chambre élective, et là Chambre des Pairs sera suffisamment autorisée et compétente pour le voter et l'admettre.

On objecte qu'en ce cas les contribuables ne paieront pas. Cette prédiction du journalisme est plus que dérisoire, je le prouverai dans un instant, en examinant la phisionomie des hommes associés pour ce refus de paiement; mais auparavant je dois épuiser la matière des reproches faits aux Ministres.

Qu'avez-vous à reprocher à M. Courvoisier, garde des sceaux? rien : non, rien que ses talents et son mérite, le brillant de son élocution et sa profonde érudition, et cela est naturel, parce que le mérite et les talents dans tous les genres ont toujours offusqué les factieux : Malherbes et Lavoisier furent frappés de la hache Jacobine.

Que n'a-t-on pas à espérer de M. Courvoisier? mais au moins donnez le temps. Ce n'est pas dans sept mois de ministère, qu'il a pu procurer une réorganisation de magistrature moins dispendieuse. Telle que seroit une Cour royale pour deux divisions militaires, un Tribunal d'Instance, ou deux au plus par département, etc. etc. Cela exige des combinaisons, des calculs, des aperçus de convenances à l'infini. Lorsque l'on considère la multitude de matières à procès que nos Codes, le Code civil surtout, ont fait disparoître, on est étonné de ce luxe de Tribunaux. Les matières bénéficiales, les droits féodaux, les substitutions, les 70 coutumes, et les quarante mille lois romaines, etc. etc., tout cela n'existe plus; les Cours et les Tribunaux n'ont, pour ainsi dire, plus à s'occuper que de contrats et obligations et de police correctionnelle. Il y a donc une surabondance de juges. Il faut être né chicaneur pour soutenir ou intenter un procès : il n'est pas juste que le peuple paie le plaisir et le goût de la chicane. Il fut un temps où il n'y avoit qu'un Tribunal d'Instance par département; on s'en trouvoit bien, personne n'en murmura.

A M. de Montbel, vous n'opposez que son attachement aux principes monarchiques, cela est encore dans l'ordre de la haine que vous leur portez; cependant quand vous le verrez vous présenter un projet de loi sur l'administration communale et départementale moins compliqué, moins diffus que celui de M. de Martignac, dans lequel un peu de démocratie se trouvera liée aux principes de la Monarchie; quand vous le verrez par des réductions de préfectures et de sous-préfectures restreindre de beaucoup les dépenses énormes administratives, vous serez ingrats, si vous ne chantez pas ses louanges : mais que coûte l'ingratitude aux factieux?

A M. d'Haussez, vous lui reprochez d'être bon écuyer, et cela vous conduit à une plate plaisanterie, disant : que cette qualité n'est pas un mérite dans la navigation, et dans l'art d'administrer la Marine, mais M. d'Haussez ne prouve-t-il pas qu'on peut être bon écuyer, et en même temps excellent Ministre de la Marine?

·Votre critique ou plutot vos grossièretés semblent être à bout, quand il sagit de M. de Chabrol de Crousol, Ministre des finances,

L'ordre et l'économie qu'il y a établis sont des succès que ses devanciers n'avoient pas fait espérer.

Vous ne pouvez souffrir le prince de Polignac, parce qu'il est fortement attaché au Gouvernement monarchique et revêtu de toute la confiance du Roi, et vous lui faites grief de ce qu'il ne venge pas assez vite l'honneur national.

Il est tout simple que dans votre factieux système, l'attachement au Roi, et la fidélité soit un vice ; que dis-je ? un crime. Je dois vous paroître un monstre, le Prince de Polignac un traitre qui pense à détruire les libertés publiques et à tromper le Roi. Quelle horreur ! qu'elle imposture ! et que penser des protestations d'amour et de respect dont vous assaisonnez avec autant d'emphase que d'hypocrisie votre langage, quand vous parlez du Roi, vous qui combattez, attaquez toutes ses prérogatives ! vous qui injuriez ses Ministres et leur plus zélé défenseur. Non, M. de Polignac mérite la haute confiance de son souverain et de la Nation : quelle est celle des libertés publiques qu'il s'étudie à vous ravir ? vous seriez fort embarrassé d'en citer une : mais il ne conseillera jamais au Roi de vous faire des concessions qui tendent à les étendre. Ces libertés ont leurs limites, respectez-les autant que lui, et tout sera dans l'ordre.

Quant à l'honneur national que vous lui imputez de ne pas venger ou de ne pas venger assez vîte, c'est une pure calomnie. Alger n'est-il pas bloqué, assiégé ? l'expédition peut-elle aller plus promptement ? abandonne-t-on l'indépendance de la Grèce ? ne lui fournit-on pas des secours et tout récemment encore 200,000 francs. On ne sache pas d'autres circonstances où l'honneur national soit compromis et soit à venger ?

Le prince de Polignac, est un homme de haute éducation, de formes gracieuses et pleines de dignité, de vues de bienfaisance liées à la chaleur pour l'intérêt général. Il aime le peuple, il aime son Roi; on peut donc se reposer sur un tel personnage dont l'esprit a autant de délicatesse que de solidité. S'il avoit moins de mérite vous n'en parleriez pas avec tant de fiel; la médiocrité vous plaît davantage. Mirabeau a dit qu'en révolution elle est une vertu.

M. de Bourmont est pleinement justifié de vos imputations, il n'a jamais failli à l'honneur. Le Roi en a les preuves les plus positives. La défaite de Vaterloo est un acte de la Providence qui pour le bonheur de la France et de l'Europe y a ramené la paix. Sans elle la guerre dureroit peut-être encore plus animée que jamais. Les trônes abattus par Bonaparte, sont relevés, et la famille des Bourbons nous a été rendue. Tous ses bienfaits ne sont-ils pas inestimables? Pope a fort bien dit que Dieu voit d'un œil égal un héros tomber et un moineau périr, un monde renversé et une bulle d'eau éclater; telle est la fatalité des choses humaines. M. de Bourmont, se signale par toutes les mesures propres à satisfaire les vœux et les ambitions des militaires, ainsi qu'à allier leur mieux être avec l'économie.

Reste M. Guernon de Rainville, que vous avez couvert de ridicules, mais qui, pouvant les mépriser, s'en est assez vengé par l'organisation de l'instruction primaire que vous aviez tant à cœur, et qu'il ne vous a pas fait attendre. Son plan est fort ingénieux.

Vous vous flattez que dans l'adresse au Roi, qui doit émaner des Chambres, elles feront connoître à sa Majesté qu'elle a été trompée sur le choix de ses Ministres ; qu'elles lui dépeindront comme des hommes incapables, qui n'ont ni la science ni les qualités d'hommes d'état, et qui n'ont pas pour eux l'opinion publique, l'estime des Chambres. etc. etc.

Probablement vous désireriez que l'adresse lui parlât de cette *Congrégation* de ce que vous appelez *parti prêtre,* fantôme né de votre imagination; tant il est vrai que la Religion de l'Etat, qui est celle du Prince, vous est en horreur autant que la royauté.

Détrompez-vous! les deux Chambres sont composées de l'élite des sages de la Nation, et on ne peut supposer qu'ils saliroient l'adresse de vos injurieuses attaques contre des Ministres qui n'ont encore fait que du bien, et dont les intentions et les travaux ne sont dirigés que vers le bonheur du peuple, les droits et la satisfaction de son Roi. Ces sages ont l'ame trop élevée pour, par des digressions étrangères au sujet, se livrer à la bassesse de vos sentiments et partager vos opinions calomnieuses. Le Roi a trop d'esprit et de pénétration pour ne pas distinguer l'esprit et le langage de faction du langage de la vérité. D'ailleurs, qui mieux que lui connoît leur capacité et leurs moyens moraux ? Il les entend tous les jours au conseil qu'il préside ; il apprécie leurs avis, leurs talents, leurs travaux, leurs plans, leurs projets. Il n'a donc besoin ni d'influences, ni d'inspirations pour les juger, et quant à l'opinion publique, c'est sa propre confiance qui la forme, parce que la Charte l'ayant investi du libre choix, a voulu que sa confiance absorbât les défiances téméraires que les factieux tentent toujours de semer parmi le peuple. Seroit-on autorisé à lui dire : « Sire, vous avez nommé tel » ou tel juge, nous n'en voulons pas, tel ou tel » évêque, curé, préfet, etc., il nous répugne, il » n'a pas notre opinion, et c'est l'opinion publique, » défaites-nous-en ! »

Pour ce qui est de cette *Congrégation*, de ce *parti prêtre*, une de vos rêveries où vous cherchez *un père Letellier*, comme au temps de superstition sous Louis XIV, les lumières du Roi sont au dessus de cette foiblesse, et la grandeur de son caractère ne cherche point là ses inspirations. Si la pureté de ses mœurs, son attachement à la Religion de ses pères (Religion que vous calomniez à tout propos), l'inclina vers un conseil de conscience, ce n'est que pour arriver à la perfection, et donner le bon exemple qu'il doit à ses peuples, mais non pas pour y puiser des règles à son gouvernement temporel et diriger ses choix.

Vous dites que par dessous mains il consulte encore M. de Villèle, que dans le fond vous estimez comme toutes les réputations brillantes, quoique vous le déchiriez. Ce que j'en dis est d'autant moins suspect que j'ai essuyé de lui et de M. de Corbière une injustice révoltante.

Quand cela seroit vrai, M. de Villèle est un homme d'esprit, et quoique vous qualifiez son ministère de déplorable, on n'a pu encore imaginer de meilleur système que le sien en finances, et l'on est forcé de marcher sur ses traces.

Mais j'abandonne tous ces épisodes qui n'appartiennent qu'au drame que vous vous proposez de jouer à l'époque de l'ouverture de la session (2 mars 1830), pour ne m'occuper que des associations formées pour provoquer le refus du budjet, le refus de l'impôt.

J'ai dit que ces associations étoient criminelles. En effet s'il est incontestable en rapprochant les articles 2, 17 et 47 de la Charte, que l'impôt est indispensable au maintien du gouvernement qui est monarchique, et si d'autre côté la Charte commande la liberté des choix du Roi, la question n'est plus que de savoir si violer ces deux principes c'est ou ce n'est pas vouloir changer la forme du Gouvernement. L'affirmative n'est pas douteuse, puisque sans cela il ne pourroit exister dans la forme que lui donne la Charte et qu'à part le pouvoir absolu ; il l'a eu depuis quatorze siècles.

Or l'article 87 du Code pénal, met le crime d'attentat ou complot dont *le but est de changer le gouvernement*, sur la même ligne que l'attentat ou le complot contre la vie et la personne des Princes de la famille royale, et puni ce crime de *mort* et *de confiscation des biens*.

L'article 88 dit : « Qu'il y a attentat dès qu'un acte » est commis ou commencé pour parvenir à l'exé- » cution de ces crimes, quoiqu'ils n'aient pas été » consommés. »

L'article 89 porte : « Qu'il y a complot dès que » la résolution d'agir est concertée et arrêtée entre » deux ou un plus grand nombre, quoiqu'il n'y ait » pas eu d'attentat. »

L'article 90 veut : « Que celui qui a fait la pro- » position soit puni de la réclusion. — L'auteur de » toute proposition non agréée, tendante à l'un des » crimes énoncés en l'article 87, sera puni du ban- » nissement. »

Si donc on ne peut nier que provoquer le refus de l'impôt c'est provoquer la destruction du Gouvernement, qui ne peut exister sans lui, c'est se rendre coupable au moins ou du cas prévu par l'article 89, ou de celui prévu par l'article 90,

Tel est cependant le vrai caractère de ces associations, qui au lieu d'être simplement dénoncées
à la police correctionelle auroient du l'être aux
Cours d'assises ; et la Cour de Cassation auroit du
être mise à même de se prononcer sur une question
aussi grave.

Si d'autre côté vouloir entraver, gêner, anéantir
la liberté du Roi dans ses choix, c'est attenter aux
dispositions de la Charte et par une conséquence
ultérieure et finale, c'est encore vouloir changer
la forme du Gouvernement en affoiblissant la puissance royale et en dépouillant la couronne d'un
de ses plus beaux et de ses plus importants fleurons.

Je termine cette dissertation, dont l'aperçu,
qui est en tête, fait le résumé.

Puissent à la fin, les esprits exaspérés, concevoir
que l'agitation qu'ils ont produite au nom sonore
de *libertés publiques,* qui ne sont nullement mises
en danger, n'est que l'effet de la haine et d'une
prévention injuste !

Qu'ils conçoivent enfin que la Nation ne peut
être heureuse et tranquille qu'en laissant à *César*
ce qui appartient à *César.*

CRESTIN,
*ancien Magistrat
et ancien Sous-Préfet.*

www.ingramcontent.com/pod-product-compliance
Lightning Source LLC
Chambersburg PA
CBHW060523200326
41520CB00017B/5119